LES LIEUX HANTÉS!

LES HÔTELS HANTÉS

Un livre de la collection
Les branches de Crabtree

THOMAS KINGSLEY TROUPE

Crabtree Publishing
crabtreebooks.com

Soutien de l'école à la maison pour les parents, les gardiens et les enseignants

Ce livre très intéressant est conçu pour motiver les élèves en difficulté d'apprentissage grâce à des sujets captivants, tout en améliorant leur fluidité, leur vocabulaire et leur intérêt pour la lecture. Voici quelques questions et activités pour aider le lecteur ou la lectrice à développer ses capacités de compréhension.

Avant la lecture

- *De quoi ce livre parle-t-il?*
- *Qu'est-ce que je sais sur ce sujet?*
- *Qu'est-ce que je veux apprendre sur ce sujet?*
- *Pourquoi je lis ce livre?*

Pendant la lecture

- *Je me demande pourquoi...*
- *Je suis curieux de savoir...*
- *En quoi est-ce semblable à quelque chose que je sais déjà?*
- *Qu'est-ce que j'ai appris jusqu'à présent?*

Après la lecture

- *Qu'est-ce que l'auteur veut m'apprendre?*
- *Nomme quelques détails.*
- *Comment les photographies et les légendes m'aident-elles à mieux comprendre?*
- *Lis le livre à nouveau et cherche les mots de vocabulaire.*
- *Ai-je d'autres questions?*

Activités complémentaires

- *Quelle est ta section préférée de ce livre? Rédige un paragraphe à ce sujet.*
- *Fais un dessin représentant l'information que tu as préférée dans ce livre.*

TABLE DES MATIÈRES

La Dernière Visite

Tu te réveilles au beau milieu de la nuit et tu t'assois. Tu as l'impression que quelqu'un t'observe. L'air est froid, ce qui te fait frissonner. Dans la noirceur, tu vois une silhouette au bout du lit. Ton cœur bat à toute allure alors que tu allumes la lampe de chevet. Dès que la chambre s'éclaire, la silhouette disparaît. Cet hôtel est-il hanté?

Tous les États ou pays ont une histoire de lieu hanté. Les hôtels sont des endroits que les voyageurs visitent pour se reposer en vacances. Malheureusement, certains invités fantomatiques n'ont jamais quitté l'hôtel! Pour l'instant, les hôtels dans ce livre sont toujours ouverts, qu'ils soient hantés ou pas!

Attrape ta lampe de poche et prends une grande inspiration. Tu es sur le point de découvrir pourquoi ces hôtels figurent parmi... LES LIEUX HANTÉS.

FAIT EFFRAYANT

Il y a au moins un hôtel hanté dans chaque État des États-Unis.

L'HÔTEL HOLLYWOOD ROOSEVELT

L'hôtel Hollywood Roosevelt se trouve sur l'Allée des célébrités d'Hollywood en Californie. Le Roosevelt a ouvert ses portes en 1927 et de nombreux invités de marque y ont séjourné.

Certains affirment avoir vu les fantômes d'acteurs célèbres. L'image de Marilyn Monroe apparaît souvent dans un miroir de la chambre 1200, où elle a vécu pendant deux ans. On dit que le fantôme de Montgomery Clift tapote l'épaule des visiteurs.

FAIT EFFRAYANT

Les célébrités ne sont pas les seuls fantômes qui hantent le Roosevelt. Certains ont aperçu une fillette fantomatique vêtue d'une robe bleue. Cette petite fille s'appellerait Caroline et semble chercher sa mère.

L'ANCIENT RAM INN EN ANGLETERRE

L'Ancient Ram Inn en Angleterre a été construite en 1145. Un prêtre y habitait et la rumeur veut que l'auberge ait été construite sur un ancien cimetière **païen**.

Des choses terribles s'y sont produites par le passé. Une femme que l'on croyait sorcière s'est cachée dans l'Ancient Ram. Elle a plus tard été capturée et brûlée vive.

FAIT EFFRAYANT

On raconte qu'un visiteur a été soulevé puis projeté dans le couloir de la chambre de l'évêque de l'Ancient Ram Inn.

Un homme nommé John Humphries a acheté l'auberge en 1968 et a décidé d'en faire sa maison. Il prétend que lors de sa première nuit, une force **démoniaque** a agrippé son bras. Elle l'a tiré de son lit et traîné dans la chambre.

John était déterminé à vivre dans l'auberge hantée. Sa femme et ses trois filles n'étaient pas du même avis. Elles sont parties, mais John a habité dans l'auberge pendant près de 50 ans.

Des dagues brisées et de petits squelettes ont été trouvés enterrés sous un escalier de l'Ancient Ram Inn. Les **restes humains** semblaient être les ossements d'enfants. Les dagues ont probablement été utilisées dans le cadre d'un rituel sinistre ou d'un sacrifice.

LA FONDA ON THE PLAZA AU NOUVEAU-MEXIQUE

On trouve au Nouveau-Mexique un hôtel appelé La Fonda on the Plaza. Construit en 1922, il est situé sur l’emplacement de la première auberge de Santa Fe, du temps où la ville a été établie vers 1607.

Les invités y ont vu le fantôme d'une jeune mariée qui a été assassinée lors de sa nuit de noces. D'autres ont vu le **spectre** d'un cowboy se tenant au bar.

L'un des phénomènes **paranormaux** les plus courants est l'apparition du fantôme du juge en chef John P. Slough. Il a été tué par balles dans le hall d'entrée de l'hôtel en 1867. Des visiteurs ont entendu les pas du juge Slough marchant dans les couloirs de l'hôtel. D'autres l'ont aperçu portant son long manteau noir préféré avant de disparaître!

LA CURE DE BORGVATTNET À RAGUNDA EN SUÈDE

La cure de Borgvattnet est l'un des lieux les plus hantés de la Suède. Elle a été construite en 1876 pour servir de maison aux **pasteurs**. De l'extérieur, elle ressemble à un vieux chalet de bois près de la forêt.

En 1927, des signalements d'événements surnaturels ont été déposés par la cure. Le pasteur qui y vivait a affirmé que ses vêtements avaient été arrachés de la corde à linge sans explication.

Presque tous les pasteurs et les membres de leur famille qui ont habité dans cette maison depuis ont été témoins de phénomènes paranormaux. Certains ont vu des objets bouger tout seuls. D'autres ont entendu des cris. Des gens de l'ombre sont apparus.

La cure n'est plus une maison pour les pasteurs. Le bâtiment offre maintenant des chambres d'hôte pour les âmes courageuses qui veulent y passer la nuit.

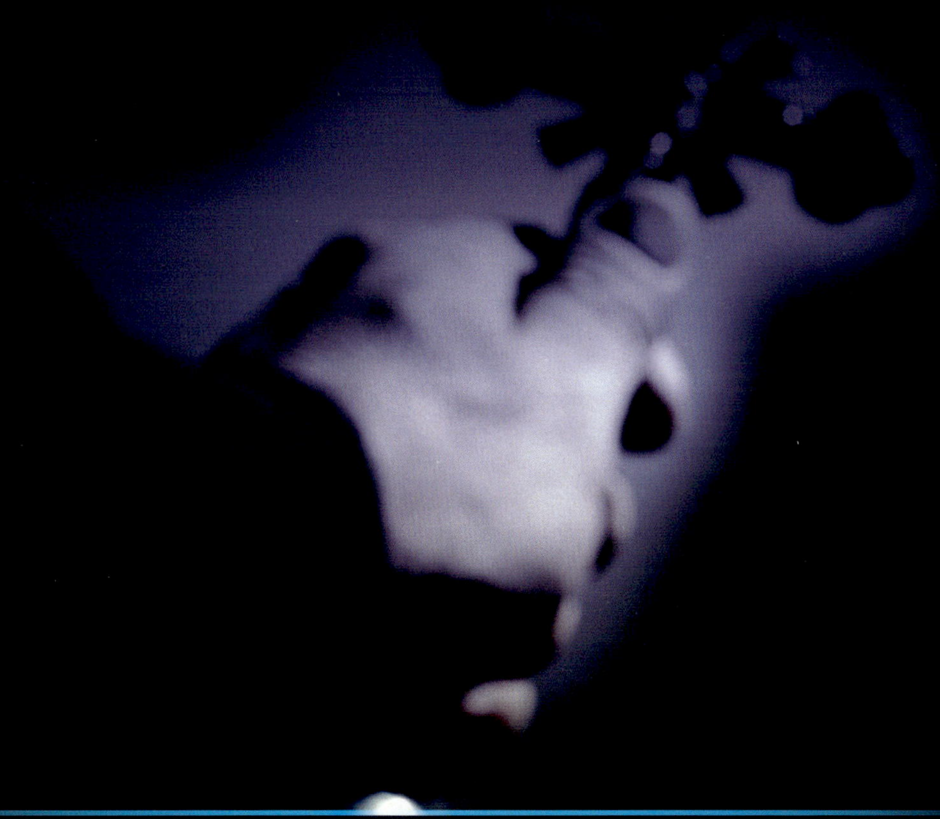

FAIT EFFRAYANT

Au début des années 1980, le père Tore Forslund a fait le serment de débarrasser la cure des fantômes. Rien n'a changé et il est parti après un an.

LE RED LION INN AU MASSACHUSETTS

Les voyageurs qui veulent passer une bonne nuit de sommeil devraient probablement éviter le Red Lion Inn. Construit en 1773, cet hôtel hanté est situé à Stockbridge au Massachusetts.

Le quatrième étage semble être le plus terrifiant. Des gens ont déclaré avoir vu une fillette fantomatique portant des fleurs. Un homme coiffé d'un haut-de-forme aime se tenir au-dessus du lit des invités pendant qu'ils dorment.

L'HÔTEL FAIRMONT BANFF SPRINGS

L'hôtel Fairmont Banff Springs de Calgary ressemble à un château blotti au flanc d'une montagne canadienne. Il a ouvert ses portes en 1888 et est rapidement devenu populaire auprès des vivants et des morts.

Plusieurs fantômes hantent l'immense hôtel, dont une mariée qui est morte après une chute dans un escalier en pierre. On croit qu'un **chasseur** nommé Sam aide les invités avec leurs bagages et déverrouille les portes.

La rumeur veut qu'une famille ait été assassinée dans la chambre 873. Certains invités qui ont séjourné dans cette chambre depuis ont été réveillés par des cris. On dit que des traces de mains ensanglantées sont apparues sur les miroirs. Si tu visites l'hôtel maintenant, tu verras que la chambre 873 n'existe plus. Plusieurs croient qu'elle a été condamnée pour empêcher les visiteurs d'y entrer!

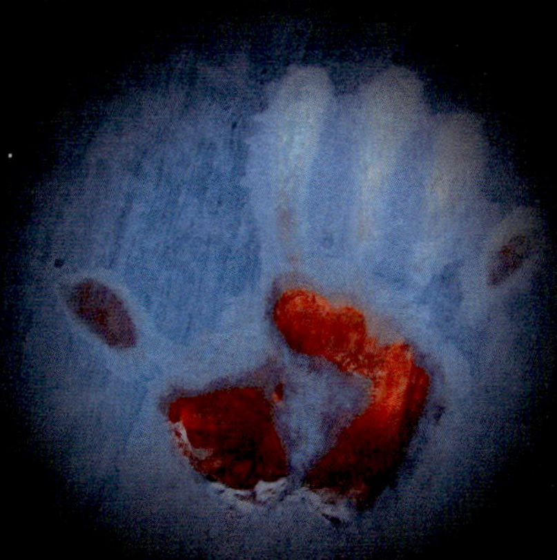

LE SAVOY HOTEL À MUSSOORIE EN INDE

On trouve le magnifique Savoy Hotel à Mussoorie en Inde. Il a été construit en 1902. Malgré son apparence de centre de villégiature paisible, la vaste propriété a une histoire de fantômes.

Le corps de la **spiritiste** Frances Garnett-Orme a été découvert à l'intérieur de sa chambre verrouillée. Elle a été mystérieusement empoisonnée. La rumeur veut que son fantôme hante l'hôtel, à la recherche de la personne qui l'a assassinée.

FAIT EFFRAYANT

Plusieurs auteurs classiques se sont intéressés au cas de Lady Garnett, notamment Sherlock Holmes, l'auteur Sir Arthur Conan Doyle et l'écrivaine de romans policiers Agatha Christie.

LE STANLEY HOTEL

Le Stanley Hotel d'Estes Park au Colorado est peut-être le plus connu des hôtels hantés. Il a ouvert ses portes en 1909 et est situé près de l'entrée du parc national des Montagnes Rocheuses.

L'hôtel a été construit par F.O. Stanley et nommé en son honneur. Il est l'inventeur de l'automobile Stanley Steemer. Il est décédé en 1940, mais selon plusieurs, il n'a jamais quitté l'hôtel.

F. O. Stanley

On croit que le fantôme de M. Stanley apparaît parfois aux invités près du bureau de la réception. Le fantôme de sa femme Flora joue souvent du piano dans la salle de musique vide.

Elizabeth était une **femme de chambre**. Elle a failli mourir dans une explosion à l'hôtel dans les années 1920. Elle s'est rétablie et a continué d'y travailler jusqu'à sa mort à l'âge de 90 ans. Son fantôme passe à travers les portes pour faire les chambres.

Le Stanley Hotel est également célèbre parce qu'il a été l'**inspiration** de l'écrivain de romans d'épouvante Stephen King. Lui et sa femme Tabitha, également écrivaine, y ont séjourné en 1974. Après un cauchemar, il s'est réveillé et a trouvé l'idée pour son meilleur roman, *The Shining* (*Shining, l'enfant lumière* en français). Un film basé sur le livre montre les fantômes de deux jeunes filles (ci-dessus, à droite).

CONCLUSION

Y a-t-il vraiment des fantômes qui séjournent dans les hôtels, comme les vivants? Ce qu'une personne voit, une autre peut l'expliquer.

C’est à toi de te faire ta propre idée. Si tu entends ou vois quelque chose d’effrayant, décris le phénomène par écrit ou prend une image. La preuve que tu découvriras pourrait nous aider à comprendre... LES LIEUX HANTÉS.

GLOSSAIRE

chasseur (cha-sseur) : Une personne qui travaille dans un hôtel et qui transporte les bagages des invités dans leur chambre

démoniaque (dé-mo-niak) : Un esprit maléfique, quelque chose qui veut faire du mal

femme de chambre (fam de chanbr) : Une femme qui fait le ménage des chambres dans un hôtel

inspiration (in-spir-a-ssion) : Quelque chose qui pousse quelqu'un à agir, à créer ou à sentir des émotions

païen (pa-yin) : Une religion axée sur la spiritualité ou la nature

paranormaux (pa-ra-nor-mo) : Des événements étranges qui sont au-delà de la compréhension normale

pasteurs (pass-teur) : Ministres chargés d'églises qui représentent d'autres ministres

restes humains (rèst u-min) : Le corps d'une personne morte

spectre (spektr) : Un autre mot pour fantôme

spiritiste (spi-ri-tist) : Une personne qui croit que l'esprit des morts peut communiquer avec les vivants

INDEX

SITES WEB À CONSULTER

https://kids.kiddle.co/Ghost

www.hauntedrooms.co.uk/ghost-stories-kids-scary-childrens

www.ghostsandgravestones.com/how-to-ghost-hunt

À PROPOS DE L'AUTEUR

Thomas Kingsley Troupe

Thomas Kingsley Troupe est l'auteur d'une foule de livres pour enfants. Il a écrit au sujet des fantômes, du Sasquatch, des loups-garous et même un livre sur la saleté. Quand il ne s'affaire pas à écrire ou à lire, il enquête sur des phénomènes paranormaux avec la Twin Cities Paranormal Society. Il habite à Woodbury au Minnesota avec ses deux fils.

Les images et les photos présentant des « fantômes » dans ce livre sont des représentations artistiques. L'éditeur ne prétend pas qu'il s'agit d'images et de photos réelles des fantômes mentionnés dans ce livre.

Crabtree Publishing

crabtreebooks.com 800-387-7650

Au Canada : Nous reconnaissons l'appui financier du gouvernement du Canada par l'entremise du Fonds du livre du Canada pour nos activités de publication.

Catalogage avant publication de Bibliothèque et Archives Canada

Titre: Les hôtels hantés / Thomas Kingsley Troupe.
Autres titres: Haunted hotels. Français.
Noms: Troupe, Thomas Kingsley, auteur.
Description: Mention de collection: Les lieux hantés! | Les branches de Crabtree | Traduction de : Haunted hotels. | Traduction : Annie Evearts. | Comprend un index.
Identifiants: Canadiana (livre imprimé) 20210355905 | Canadiana (livre numérique) 20210355948 | ISBN 9781039603714 (couverture souple) | ISBN 9781039603776 (HTML) | ISBN 9781039603837 (EPUB)
Vedettes-matière: RVM: Hôtels hantés—Ouvrages pour la jeunesse. | RVM: Fantômes—Ouvrages pour la jeunesse. | RVMGF: Documents pour la jeunesse.
Classification: LCC BF1474.5 .T7614 2022 | CDD j133.1/22—dc23

Imprimé au Canada/112023/CP20231027

Publié au Canada
Crabtree Publishing
616 Welland Ave.
St. Catharines, Ontario
L2M 5V6

Publié aux États-Unis
Crabtree Publishing
347 Fifth Avenue
Suite 1402-145
New York, NY, 10016

Paperback	978-1-0396-0371-4
Ebook (pdf)	978-1-0396-0377-6
Epub	978-1-0396-0383-7
Read-along	978-1-0398-0497-5
Audio book	978-1-0396-6776-1

Production : Blue Door Education pour Crabtree Publishing
Auteur : Thomas Kingsley Troupe
Conception : Jennifer Dydyk
Révision : Kelli Hicks
Correctrice : Crystal Sikkens
Traduction : Annie Evearts

Couverture : (homme et hôtel) © Ollyy, (crâne sur la couverture et dans le livre) © Fer Gregory, p. 4-5 (bordure effrayante et dans le livre) © Dmitry Natashin, p. 4 © feeling lucky, p. 5 (hôtel) © Gudmund, p. 6 © Andrey Bayda, p. 7 (Marilyn) © Référence éditoriale : Javi Az / Shutterstock.com, (intérieur de l'hôtel) © Référence éditoriale : littlenySTOCK / Shutterstock.com, p. 8-9 © Anneka, p. 10 © feeling lucky, p. 11 © Masarik, p. 12 © Andriy Blokhin, p. 13 (mariée fantôme) © Salome Hoogendijk, p. 14-15 © Jojo64, p. 16 © jirakit suparatanameta, p. 17 © itsmejust, p. 20 © Paula Cobleigh, p. 21 (chasseur) © Pressmaster, (trace de main) © Kirill Kurashov, p. 23 © ADragan, p. 24-25 © MHalvorson, p. 26 © Kaul Photo and Cinema, p. 27 (Stephen King) © Référence éditoriale : Everett Collection / Shutterstock.com, (jumelles du film The Shining) © Hethers, p. 28 © Cinemato, p. 29 © feeling lucky. Toutes les images proviennent de Shutterstock.com sauf p. 8 © Brian Robert Marshall / Ram Inn, Potters Pond, Wotton under Edge / CC BY-SA 2.0, p. 13 John Potts Slough image publique, p. 18 Red Lion Inn, Massachusetts © John Phelan https://creativecommons.org/licenses/by-sa/4.0/ deed.en, p. 19 © ysbrandcosijn/istockphoto.com, p. 22 Nick Kenrick/Flickr https://creativecom-mons.org/licenses/by/2.0